J.-F. Mallet

SIMPLÍSIMO

EL LIBRO DE COCINA VEGETARIANA + FÁCIL DEL MUNDO

LAROUSSE

Esta obra no solo está pensada para los vegetarianos, sino también para todos aquellos que quieran evitar la carne y el pescado en todas las comidas, pero sin pasar hambre, dándose un homenaje y sin pasarse horas en la cocina. Se trata de disfrutar de la comida preocupándose en todo momento por la salud, reduciendo las proteínas animales, comiendo de manera equilibrada y consumiendo cinco piezas de fruta y verdura al día con pocos ingredientes y de manera rápida. Sí, se puede.

Para ello, he recopilado con esmero platos vegetarianos completos procurando utilizar ingredientes que contienen proteínas vegetales, como las legumbres, las semillas de calabaza, la quinoa, la mantequilla de cacahuete o de otros frutos secos y, para equilibrar las recetas, he añadido féculas.

Gracias a las combinaciones de sabores y a ingredientes sencillos, podrás elaborar platos suculentos y sanos para todos los días sin dedicar más horas de la cuenta.

También he preparado recetas veganas para aquellos a quienes les gustaría vivir sin ingredientes de origen animal. Este tipo de platos los puedes identificar fácilmente por la anotación en verde en la parte inferior de las recetas.

Como siempre, todas las recetas de esta obra tienen una elaboración sencillísima: sin técnicas complicadas, de uno a seis ingredientes por receta, con un tiempo de preparación reducido y con pocos utensilios o casi sin ninguno.

No me queda más que desearte que pases unos momentos estupendos en la cocina y, sobre todo, ¡en la mesa!

INSTRUCCIONES

Al escribir este libro, he partido del principio de que en casa dispones de lo siguiente:

- Agua potable
- Una cocina
- Una nevera
- Una olla
- Una sartén
- Un cazo
- Una bandeja para gratinar
- Un molde de tarta
- Un horno
- Un cuchillo (bien afilado)
- Tijeras
- Sal y pimienta
- Aceite

(Si te falta alguno de estos utensilios o ingredientes, ¡cómpralo!)

¿Qué ingredientes son indispensables?

- **Fruta y verdura:** son las reinas de esta obra y se utilizan en todas las recetas. Opta por las frescas y de temporada, pero si te apetecen guisantes o habas en pleno mes de enero, no dudes en comprarlos congelados (además, no necesitarás desgranarlos ni pelarlos).
- **Conservas:** en este libro, prácticamente no se utilizan, pero es muy práctico tener a mano y en la despensa botes de garbanzos, pesto, olivada, aceitunas, salsa de tomate, leche de coco o incluso judías blancas o pintas.
- **Hierbas:** las hierbas frescas no tienen parangón. ¡Hay que darles prioridad! Si no dispones de ellas, siempre puedes utilizarlas congeladas o secas (aunque no sean lo mismo).
- **Aceites:** aceite de oliva –siempre virgen extra, puesto que es el mejor– y, como complemento, los de nueces, avellana o sésamo.
- **Especias y condimentos:** las especias básicas son el curri, la cúrcuma, el comino, la salsa de soja dulce y salada, la mostaza, las semillas de sésamo y comino, el orégano, el estragón, el tomillo y la albahaca seca.
- **Productos concretos:** incluyo el tofu al natural, ahumado o a la japonesa, pero también las proteínas de soja, el merguez y las salchichas vegetales para aquellos a los que les cuesta vivir sin un sustitutivo de la carne.

¿Qué hay que hacer?

• **Cocer la pasta:** se cuece en una cacerola grande con abundante agua hirviendo con sal. Hay que tener cuidado con el tiempo de cocción si te gusta al *dente*.

• **Rallar un limón:** hay dos maneras de rallar un limón.

Para los principiantes, y para obtener una ralladura muy fina, pasa un rallador de queso por la corteza del limón, solo una vez, sin llegar a la membrana blanca. Para un acabado profesional, y para obtener una ralladura tipo fideo, usa un acanalador. Pero lo ideal es invertir en un rallador «microplane», que es lo último en ralladores y se encuentra en las mejores tiendas de utensilios de cocina.

¿Qué utensilio escoger?

• **La batidora de brazo o la licuadora:** se utiliza para el gazpacho o la crema de coliflor.

• **El rallador de mano de cuatro caras:** para rallar zanahorias, calabacines y patatas sin tener que usar el robot de cocina. Usa la zona de agujeros grandes para rallar la zanahoria (si quieres hacerlo tú mismo), pero también para las galettes de patata o el pastel de calabacín.

• **El cuchillo pelador:** para cortar tallarines de calabacín y, por supuesto, para pelar la verdura.

¿A CUÁNTO PONEMOS EL TERMOSTATO?

90 °C: 3	150 °C: 5	210 °C: 7	270 °C: 9
120 °C: 4	180 °C: 6	240 °C: 8	300 °C: 10

Y eso es todo.
Para el resto, ¡basta con seguir las instrucciones de cada receta!

MUFFINS DE ESPÁRRAGOS

Harina
150 g

Huevos
x 3

Leche
12,5 cl

Espárragos verdes
x 8

Levadura química
1 sobre

Parmesano
100 g

 Sal, pimienta
Para 8 muffins

Preparación: 15 min
Cocción: 20 min

Precalienta el horno a 200 °C.

Mezcla la **harina** y la **levadura**. Incorpora los **huevos** batidos y la leche. Salpimienta y mezcla. Añade el **parmesano** y los **espárragos** sin la parte dura y cortados en trozos pequeños.

Engrasa 8 moldes pequeños de muffin (o 4 grandes) y vierte la preparación. Hornea durante 20 min. Degústalos calientes o fríos, acompañados de una ensalada.

CHIPS DE KALE

Col kale
100 g

Aceite de oliva
1 cucharada

 **Sal, pimienta**

Preparación: 5 min
Cocción: 8 min
Vegano

Precalienta el horno a 200 °C.
• Retira las partes duras de la **kale** y corta las hojas
en trozos. Mézclalas con el **aceite de oliva**
en un cuenco grande.
• Salpimienta y repártelas en una bandeja forrada
con papel sulfurizado. Hornea 8 min.

TZATZIKI DE PEPINO Y KIWI AL CURRI

Pepino
x 1

Curri
1 cucharada

Kiwis
x 2

Menta
1 manojo

Yogures griegos
x 4

Cilantro
1 manojo

Sal, pimienta

Preparación: 10 min

• Pela el **pepino** y los **kiwis** y córtalos en dados. Lava y corta las hojas de **menta** y **cilantro** con las tijeras.

• Mezcla todos los ingredientes. Salpimienta y degusta.

PASTEL DE PATATA

Huevos
x 3

Harina
150 g

Patatas
x 4 (400 g)

Comté rallado
150 g

Aceite de oliva
8 cl

Levadura química
1 sobre

Sal, pimienta

Preparación: 15 min
Cocción: 45 min

- Precalienta el horno a 200 °C.
- Bate los **huevos** e incorpora la **harina**, la **levadura** y el **aceite de oliva**. Mezcla bien.
- Pela y ralla las **patatas**, añádelas a la masa con el **comté** y salpimienta. Vierte la preparación en un molde de pastel y hornea 45 min.
- Se puede consumir caliente o frío.

MUFFINS DE TOMATE SECO

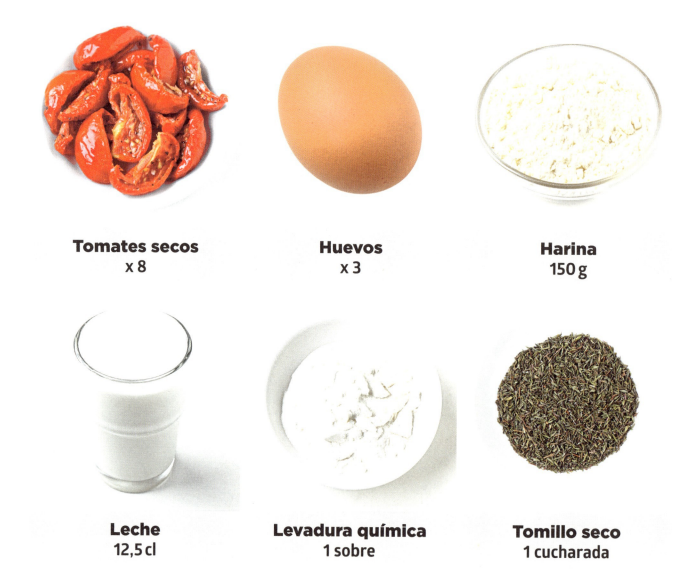

Tomates secos
x 8

Huevos
x 3

Harina
150 g

Leche
12,5 cl

Levadura química
1 sobre

Tomillo seco
1 cucharada

Sal, pimienta
Para 8 muffins

Preparación: 15 min
Cocción: 20 min

• Precalienta el horno a 200 °C.

• Mezcla la **harina** y la **levadura**. Añade los **huevos** batidos y la leche. Salpimienta y mezcla. Incorpora los **tomates secos** troceados y el **tomillo**.

• Engrasa 8 moldes de muffin pequeños (o 4 grandes) y rellánalos con la preparación. Hornéalos 20 min.

• Se pueden consumir calientes o fríos, acompañados de una ensalada.

PASTEL DE CALABACÍN

Huevos
x 3

Harina
150 g

Cheddar rallado
150 g

Aceite de oliva
8 cl

Calabacines
x 2 (400 g)

Levadura química
1 sobre

Sal, pimienta

Preparación: 15 min
Cocción: 45 min

• Precalienta el horno a 200 °C.
• Bate los **huevos** y añade la **harina**, la **levadura** y el **aceite de oliva**. Mezcla bien.
• Lava y ralla los **calabacines**, incorpóralos a la masa con el **cheddar** y salpimienta.
• Vierte la preparación en un molde de pastel y hornea 45 min.
• Degusta el pastel caliente o frío.

ROLLITOS DE REMOLACHA Y CANÓNIGOS

Obleas de arroz
x 4 (grandes)

Canónigos
40 g

Nueces
x 20 peladas

Aceite de nueces
6 cucharadas

Remolacha cocida
x 1

Comté
80 g

Sal, pimienta

Para 4 rollitos

Preparación: 15 min

- Corta el **comté** y la **remolacha** en tiras.
- Mézclalos en un cuenco grande con los **canónigos** y la mitad de las **nueces** machacadas.
- Humedece las **obleas** con un chorrito de agua y disponlas en la superficie de trabajo. Reparte el relleno y luego enróllalas presionando bien.
- Esparce el resto de las **nueces** machacadas y degusta con el **aceite de nueces**.

ROLLITOS DE PRIMAVERA CON AGUACATE

Obleas de arroz
x 4 (grandes)

Aguacate
x 1

Orégano seco
1 cucharada

Cilantro
1 manojo

Aceite de oliva
6 cucharadas

Pepino
x ¼

 **Sal, pimienta**

Para 4 rollitos

Preparación: 15 min
Vegano

• Pela y corta el **aguacate** en trozos. Corta el **pepino** en tiras.

• Humedece las **obleas** con un chorrito de agua y disponlas en la superficie de trabajo con la cara lisa hacia abajo. Reparte el **aguacate**, el **pepino** y el **cilantro**, y enróllalas presionando bien.

• Degusta con **aceite de oliva** mezclado con **orégano**.

ROLLITOS DE PRIMAVERA CON VERDURITAS

Obleas de arroz
x 4 (grandes)

Cacahuetes salados
5 cucharadas

Verduritas variadas
100 g

Menta
1 manojo

Salsa de soja
6 cucharadass

 **Sal, pimienta**

Para 4 rollitos

Preparación: 15 min
Vegano

• Mezcla en un cuenco grande las **verduritas**, las hojas de **menta**, 2 cucharadas de **salsa de soja** y la mitad de los cacahuetes machacados.
• Humedece las **obleas** con un chorrito de agua y disponlas sobre la superficie de trabajo. Reparte las **verduritas** y luego enróllalas presionando bien.
• Esparce el resto de **cacahuetes** machacados y degusta con la **salsa de soja**.

TABULÉ DE SANDÍA Y QUINOA

Quinoa
200 g

Sandía
500 g

Aceite de oliva
5 cucharadas

Menta
2 manojos

  Sal, pimienta

Preparación: 10 min
Cocción: 10 min
Reposo: 10 min
Vegano

• Hierve la **quinoa** 10 min tapada con 40 cl de agua, apaga el fuego y deja que repose y que se enfríe durante 10 min.

• Mezcla la **quinoa** con la **sandía** cortada en trozos, las hojas de **menta** cortadas con las tijeras y el **aceite de oliva**.

• Salpimienta y degusta frío.

ENSALADA VERDE CON VERDURAS

Judías verdes
200 g (frescas o congeladas)

Calabacines
x 2

Guisantes
200 g (frescos o congelados)

Cogollos
x 2

Menta
20 hojas

Cebollino
1 manojo

 **Sal, pimienta**

un chorrito de aceite

Preparación: 15 min
Cocción: 15 min
Vegano

26

• Cuece en agua con sal las **judías verdes**, los **calabacines** cortados en rodajas y los **guisantes** durante 15 min. Escúrrelos y enfríalos con agua fría.

• Mezcla las verduras con los **cogollos** y las **hierbas** cortadas con las tijeras.

• Adereza con un chorrito de **aceite de oliva**, salpimienta y listo para comer.

TABULÉ DE MELÓN

Melones
x 2

Sémola fina
8 cucharadas

Tomates cherry
x 20

Aceite de oliva
4 cucharadas

Menta
1 manojo

 **Sal, pimienta**

👨👧👦👧

🕐

Preparación: 15 min
Refrigeración: 1 h

Vegano

• Vacía los **melones** y corta la pulpa en dados. Corta los **tomates cherry** por la mitad. Corta las hojas de **menta** con las tijeras.

• Mezcla los ingredientes, salpimienta e introduce 1 h en la nevera para que la **sémola** aumente de volumen.

• Sirve el tabulé en los **melones** vacíos.

ENSALADA CÉSAR CON TOFU

Tofu a la japonesa
200 g

Lechuga romana
x 1

Panecillos suecos
x 2

Mezcla de pipas
2 cucharadas

Yogur griego
x 1

Aceite de nueces
2 cucharadas

Sal, pimienta

Preparación: 5 min

• Corta la **lechuga** en trozos grandes y mézclala con el **yogur** y el **aceite de nueces**. Añade los **panecillos suecos** partidos en trozos, las **pipas** y el **tofu a la japonesa** cortado en trozos.

• Salpimienta, mezcla y degusta.

PUERROS A LA VINAGRETA DE SÉSAMO

Puerros
x 2 (pequeños)

Aceite de sésamo
3 cucharadas

Leche de coco
2 cucharadas

Semillas de sésamo
1 cucharada

Vinagre de sidra
1 cucharadita

+ puré de patata

Sal

Preparación: 5 min
Cocción: 30 min
Vegano

• Corta los **puerros** por la mitad y lávalos con abundante agua. Cuécelos 30 min en agua hirviendo con sal.

• Mezcla el **aceite** y las **semillas de sésamo** con la **leche de coco** y el **vinagre de sidra**.

• Escurre los **puerros**, salpimienta y degusta el plato caliente con la vinagreta de sésamo.

ENSALADA DE LENTEJAS

Lentejas
180 g

Rábanos
x 12

Arándanos
1 bandeja (125 g)

Rúcula
60 g

Aceite de oliva
3 cucharadas

 **Sal, pimienta**

👤👤👤👤

🕐

Preparación: 5 min
Cocción: 25 min
Vegano

- Cuece las **lentejas** en una cazuela con 60 cl de agua durante 25 min y deja que se enfríen.
- Mezcla las **lentejas** con los **rábanos** cortados en rodajas, los **arándanos**, las hojas de **rúcula** cortadas con las tijeras y el **aceite de oliva**.
- Salpimienta y degusta.

TABULÉ DE MARACUYÁ

Tomates cherry
x 20

Sémola fina
200 g

Maracuyás
x 4

Kiwis
x 4

Menta
1 manojo

Aceite de oliva
6 cucharadas

Sal, pimienta

Preparación: **10 min**
Refrigeración: **1 h**
Vegano

• Corta los **tomates cherry** por la mitad.
Vacía los **maracuyás** para extraer la pulpa.
Pela y corta los **kiwis** en dados pequeños.
Lava y corta las hojas de **menta** con las tijeras.
• Mezcla los ingredientes, salpimienta e introduce
1 h en la nevera para que la **sémola** aumente
su volumen.
• Sirve el plato y degústalo frío.

ENSALADA DE GARBANZOS CON NARANJA

Garbanzos
260 g (de lata)

Rúcula
100 g

Naranja
x 1

Cebolla roja
x 1

Semillas de comino
2 cucharadas

Aceite de oliva
4 cucharadas

Sal, pimienta

Preparación: 5 min
Vegano

• Pela y exprime la **naranja**. Escurre y enjuaga los **garbanzos**. Pela y corta la **cebolla roja** en rodajas finas.
• Mezcla todos los ingredientes. Salpimienta y degusta.

ENSALADA DE PASTA Y LENTEJAS

Lentejas
180 g

Farfalle
100 g (o pasta corta)

Frambuesas
1 bandeja (125 g)

Brotes germinados
50 g (mezcla)

Vinagre de frambuesa
2 cucharadas

Aceite de oliva
4 cucharadas

Sal, pimienta

👤👤👤👤

⏱

Preparación: 5 min
Cocción: 35 min

Vegano

• Cuece por separado las **lentejas** con 60 cl de agua durante 25 min y los **farfalle** (*al dente*) en agua hirviendo con sal. Deja que se enfríen.

• Mezcla las **lentejas**, los **farfalle**, los **brotes germinados**, las **frambuesas**, el **aceite de oliva** y el **vinagre de frambuesa**. Salpimienta y ya está listo para degustar.

JUDÍAS VERDES CON CACAHUETES

Judías verdes
400 g (frescas o congeladas)

Salsa de soja
2 cucharadas

Mantequilla de cacahuete
2 cucharadas

Cacahuetes tostados
3 cucharadas

Preparación: 10 min
Cocción: 16 min
Vegano

• Cuece las **judías verdes** en agua hirviendo con sal durante 15 min. Pon en un bol la **mantequilla de cacahuete** y la **salsa de soja**, cúbrelas con film transparente y caliéntalas en el microondas 1 min.

• Mezcla la salsa con las **judías verdes** y los **cacahuetes** bien machacados y ya lo puedes sevir.

ENSALADA DE ALUBIAS CON ALBAHACA

Alubias frescas
1 kg

Cebolla roja
x 1

Aceite de oliva
4 cucharadas

Tomates cherry
250 g

Nata líquida
6 cucharadas

Albahaca
2 manojos

Sal, pimienta

Preparación: 15 min
Cocción: 45 min

• Desgrana las **alubias frescas** y cuécelas 45 min en agua hirviendo con sal. Mézclalas con los **tomates cherry** cortados por la mitad, la **cebolla** en láminas, las hojas de **albahaca** y el **aceite de oliva**.
• Salpimienta y degusta.

JUDÍAS VERDES CON HUEVO Y PIPAS

Judías verdes
600 g (frescas o congeladas)

Huevos
x 4

Pipas de calabaza
3 cucharadas

Vinagre balsámico
3 cucharadas

Mezcla de lechugas
100 g

Sal, pimienta

un chorrito de aceite

👥👥👥👥

🕐

Preparación: 10 min
Cocción: 20 min

• Lava las **judías verdes** y retírales las hebras. Cuécelas en agua hirviendo con sal durante 15 min. Déjalas enfriar y reserva.

• Cuece los **huevos** 5 min exactos en agua hirviendo y, a continuación, retira la cáscara bajo el grifo. Córtalos por la mitad. Mezcla todos los ingredientes, salpimienta y degusta después de rociar con un chorrito de **aceite de oliva**.

TABULÉ LIBANÉS A LA GRANADA

Bulgur precocido
100 g

Perejil liso
2 manojos

Limones
x 4

Tomates
x 4

Aceite de oliva
6 cucharadas

Granada
x 1

 **Sal, pimienta**

♟♟♟♟

🕐

Preparación: 10 min
Refrigeración: 1 h
Vegano

• Cubre el **bulgur** con agua y el zumo de los **limones** y deja que aumente de volumen 1 h en la nevera.

• Lava y corta las hojas de **perejil** con las tijeras. Vacía la **granada** para obtener los granos. Corta los **tomates** en dados pequeños.

• Mezcla todos los ingredientes con el **bulgur**. Salpimienta y sirve el plato frío.

ENSALADA TIBIA DE JUDÍAS VERDES

Judías verdes planas
400 g

Huevos
x 4

Vinagre balsámico
2 cucharadas

Avellanas
50 g

Aceite de avellana
4 cucharadas

 **Sal, pimienta**

👨👨👨👨

🕐

Preparación: 10 min
Cocción: 30 min

• Cuece las **judías verdes planas** en agua hirviendo con sal durante 20 min. Refréscalas y reserva.

• Cuece los **huevos** 10 min en agua hirviendo. Retira la cáscara bajo el grifo y córtalos.

• Mezcla los **huevos** duros aún templados con las **judías verdes planas**. Añade las **avellanas** machacadas, el **aceite de avellana** y el **vinagre balsámico**. Salpimienta y degusta.

ENSALADA DE JUDÍAS CON HIGOS

Judías pintas
1 lata grande (800 g)

Cebolla dulce
x 1

Higos
x 4

Nata líquida
6 cucharadas

Olivada
2 cucharadas

Sal, pimienta

👤👤👤👤

⏱ **Preparación: 5 min**

• Mezcla en un cuenco grande las **judías** escurridas, la **olivada**, la **nata**, los **higos** cortados en cuartos y la **cebolla** pelada y cortada en láminas.
• Salpimienta y degusta.

ENSALADA FRESCA DE QUINOA

Quinoa
200 g

Uvas negras
300 g

Pepino
x 1

Menta
1 manojo

Aceite de oliva
6 cucharadas

Frambuesas
1 bandeja (125 g)

Sal, pimienta

Preparación: 10 min
Cocción: 10 min
Reposo: 10 min
Vegano

• Cuece la **quinoa** tapada en 40 cl de agua durante 10 min, apaga el fuego y deja que aumente de volumen 10 min. Deja que se enfríe.

• Mezcla la quinoa con las **uvas**, las **frambuesas**, la **menta** y el **pepino** lavados y cortados.

• Salpimienta y vierte un chorrito de **aceite de oliva**. Este plato se sirve frío.

ENSALADA DE PASTA, ACEITUNAS E HINOJO

Fusilli
300 g (o pasta corta)

Hinojo
2 bulbos (medianos)

Olivada
3 cucharadas

Eneldo
1 manojo

Aceite de oliva
2 cucharadas

 **Sal, pimienta**

👤👤👤👤

🕑

Preparación: 5 min
Cocción: 10 min

Vegano

• Cuece los **fusilli** (*al dente*) en agua hirviendo con sal. Escúrrelos y enjuágalos.
• Corta el **hinojo** en láminas finas. Corta las hojas de **eneldo** con las tijeras.
• Mezcla todos los ingredientes, salpimienta y sirve de inmediato.

ENSALADA DE TORTELLINI CON AVELLANAS

Tortellinis
1 bandeja (de ricotta y espinacas)

Tirabeques
200 g

Aceite de avellana
4 cucharadas

Avellanas
2 cucharadas

Rúcula
80 g

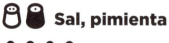 **Sal, pimienta**

♟♟♟♟

🕐

Preparación: 5 min
Cocción: 5 min

• Cuece los **tirabeques** y los **tortellini** en agua hirviendo con sal durante 5 min.

• Escúrrelos, deja que se enfríen y luego mezcla con la **rúcula**, las **avellanas** machacadas y el **aceite de avellana**.

• Salpimienta y degusta el plato.

ENSALADA DE ARROZ, TRIGO Y AGUACATE

Mezcla de arroces
150 g

Aguacates
x 2

Trigo precocido
150 g

Limón
x 1

Cebollino
1 manojo

Aceite de oliva
2 cucharadas

 **Sal, pimienta**

Preparación: 5 min
Cocción: 25 min
Vegano

• Cuece por separado en agua caliente con sal el **trigo** durante 10 min y el **arroz** durante 15 min. Deja que se enfríen.

• Mezcla en un cuenco grande los **aguacates** aplastados con un tenedor, el zumo del **limón**, el **cebollino** cortado con las tijeras, el **arroz**, el **trigo** y el **aceite de oliva**.

• Salpimienta y ya puedes degustar el plato.

TOSTADAS CON CALABACÍN

Pan de payés
4 rebanadas

Calabacines
x 2

Curri
2 cucharadas

Brotes germinados
50 g (mezcla)

Yogures griegos
x 2

 **Sal, pimienta**

👥👥👥👥

🕐
Preparación: 5 min
Cocción: 20 min

• Precalienta el horno a 180 °C.
• Mezcla los **yogures** con el **curri** y unta las rebanadas de **pan** con esta preparación. Reparte los **calabacines** cortados en rodajas. Salpimienta y hornea 20 min.
• Añade los **brotes germinados** y degusta.

CROSTINIS DE CALABAZA Y BEAUFORT

Pan de nueces
4 rebanadas

Calabaza
250 g

Queso beaufort
(u otro queso de vaca) 150 g

Aceite de nueces
2 cucharadas

 Sal, pimienta

👤👤👤👤

🕐

Preparación: 5 min
Cocción: 25 min

• Precalienta el horno a 180 °C.
• Pela la **calabaza** y corta la pulpa en rodajas. Corta el **beaufort** en láminas. Repártelas sobre las rebanadas de **pan** en varias capas. Salpimienta, rocía con **aceite de nueces** y hornea 25 min.
• Degusta el plato acompañado de una ensalada.

TOSTADAS GRATINADAS CON ACELGAS

Pan de payés
4 rebanadas

Acelgas
½ manojo (300 g)

Mostaza en grano
3 cucharadas

Comté rallado
150 g

 Sal, pimienta

Preparación: 5 min
Cocción: 15 min

- Precalienta el horno a 180 °C.
- Corta las **acelgas** en trozos pequeños y cuécelas en agua hirviendo con sal durante 5 min. Escúrrelas y mézclalas con la **mostaza** y el **comté**. Salpimienta.
- Reparte la preparación sobre las rebanadas de **pan** e introdúcelas en el horno 15 min. Degusta el plato acompañado de una ensalada.

CROSTINIS DE ESPÁRRAGOS Y CÚRCUMA

Pan de cereales
4 rebanadas

Cheddar rallado
100 g

Yogures griegos
x 2

Curri
1 cucharada

Espárragos verdes
x 12

 **Sal, pimienta**

👤👤👤👤

🕑
Preparación: 5 min
Cocción: 15 min

• Precalienta el horno a 180 °C.
• Mezcla los **espárragos** cortados en trozos con los **yogures** y el **curri**. Salpimienta y extiende esta preparación sobre las rebanadas de **pan**. Añade el **cheddar** e introdúcelas en el horno 15 min.
• Degusta el plato acompañado de una ensalada.

TOSTADAS DE ZANAHORIA CON COMINO

Pan de cereales
4 rebanadas

Zanahorias
x 8 (medianas)

Semillas de comino
1 cucharada

Cheddar rallado
100 g

 Sal, pimienta

👤👤👤👤

🕐
Preparación: 5 min
Cocción: 15 min

• Precalienta el horno a 180 °C.
• Pela las **zanahorias** y cuécelas en agua hirviendo con sal durante 20 min. Escúrrelas y córtalas por la mitad. Repártelas entre las rebanadas de **pan**.
• Espolvorea con las **semillas de comino**. Salpimienta, añade el **cheddar** y hornea durante 15 min. Degusta el plato acompañado de una ensalada.

CROSTINIS DE TOMATE CON MOZZARELLA

Pan de cereales
4 rebanadas

Tomates
x 2

Mozzarella
2 bolas

Albahaca
12 hojas

 Sal, pimienta

 un chorrito de aceite

Preparación: 5 min
Cocción: 15 min

• Precalienta el horno a 180 °C.
• Reparte los **tomates** y la **mozzarella** cortados en rodajas, con las hojas de **albahaca**, intercalándolos, en las rebanadas de **pan**. Salpimienta.
• Hornea 15 min. Vierte un chorrito de **aceite de oliva** y degusta el plato acompañado de una ensalada.

CROSTINIS DE QUESO Y ESPINACAS

Pan de payés
4 rebanadas

Brotes de espinacas
100 g

Fourme d'Ambert
(u otro queso azul) 150 g

Aceite de nueces
4 cucharadas

 Sal, pimienta

Preparación: 5 min
Cocción: 15 min

• Precalienta el horno a 180 °C.
• Vierte un chorrito de **aceite de nueces** en las rebanadas de **pan**. Reparte los **brotes de espinacas** y el **queso** cortado en láminas. Salpimienta.
• Hornea 15 min. Degusta el plato acompañado de una ensalada.

QUICHE DE CALABAZA CON SÉSAMO

Masa quebrada
x 1

Huevos
x 4

Calabaza moscada
500 g

Semillas de sésamo
2 cucharadas

Queso rallado
100 g

Aceite de sésamo
2 cucharadas

Sal, pimienta

Preparación: **15 min**
Cocción: **40 min**

- Precalienta el horno a 180 °C.
- Desenrolla la **masa quebrada** en un molde de tarta forrado con papel sulfurizado.
- Pela y corta la **calabaza moscada** en rodajas finas. Disponlas sobre el fondo de la **masa**. Vierte los **huevos** batidos con el **queso rallado**, salpimienta y añade el **sésamo**. Hornea durante 40 min y, a continuación, vierte el **aceite de sésamo**. Disfruta del plato.

76

HOJALDE CON RÚCULA

Masa de hojaldre
x 1

Rúcula
100 g

Queso rallado
100 g

 **Sal, pimienta**

👤👤👤👤

🕐
Preparación: 5 min
Cocción: 40 min

• Precalienta el horno a 200 °C.
• Desenrolla la **masa** sobre una placa forrada con papel sulfurizado. Reparte la **rúcula** y tres cuartas partes del **queso rallado**. Salpimienta.
• Enrolla presionando bien, dobla los bordes y espolvorea el resto del **queso**. A continuación, introduce el hojaldre en el horno 40 min.
• Sirve el plato caliente o frío, cortado en rodajas gruesas.

PISSALADIÈRE

Cebollas dulces
x 6

Aceitunas griegas
x 20 (sin hueso)

Aceite de oliva
8 cucharadas

Tomillo seco
1 cucharada

Masa de pizza
x 1

 Sal, pimienta

Preparación: 15 min
Cocción: 55 min

Vegano

• Precalienta el horno a 180 °C.
• Pela y corta en láminas las **cebollas**. Caramelízalas en una sartén con el **aceite de oliva** durante 25 min. Retira el recipiente del fuego y añade el **tomillo**.
• Desenrolla la **masa de hojaldre** sobre una placa forrada con papel sulfurizado. Reparte las **cebollas** sobre la superficie, dispón las **aceitunas** y hornea durante 30 min. El plato se puede degustar caliente o frío.

PIZZA DE PIMIENTOS Y PESTO

Masa de pizza
x 1

Pimientos de colores
x 3

Queso rallado
50 g

Pesto
4 cucharaditas

 Sal, pimienta

🕑
Preparación: 10 min
Cocción: 30 min

• Precalienta el horno a 200 °C.
• Desenrolla la **masa** sobre una placa forrada con papel sulfurizado. Extiende el **pesto** sobre la **masa**. Añade los pimientos sin semillas y cortados en rodajas finas. Espolvorea con el **queso rallado**.
• Salpimienta y hornea 30 min.

PASTEL DE ACELGAS

Masa de pizza
x 1

Acelgas
½ manojo (300 g)

Tomillo seco
1 cucharada

Menta
10 hojas

Yogur griego
x 1

 **Sal, pimienta**

👤👤👤👤

🕐
Preparación: 10 min
Cocción: 25 min

• Precalienta el horno a 200 °C.
• Corta las **acelgas** en trozos, sumérgelas 5 min en agua hirviendo y luego mézclalas con el **tomillo** y la **menta** cortados con las tijeras y el **yogur griego**. Salpimienta.
• Extiende esta preparación sobre la **masa de pizza**, dobla los bordes y hornea 25 min.

QUICHE DE TOMATES CHERRY CON ORÉGANO

Huevos
x 4

Tomates cherry
x 28

Minimozzarellas
20 bolitas

Orégano seco
1 cucharada

Masa quebrada
x 1

 Sal, pimienta

Preparación: 5 min
Cocción: 50 min
Refrigeración: 1 h

- Precalienta el horno a 180 °C.
- Extiende la **masa quebrada** en un molde de tarda forrado con papel sulfurizado. Dispón los **tomates cherry** y la **mozzarella** sobre la **masa**. Vierte los **huevos** batidos con el **orégano** y salpimienta.
- Hornea 50 min. Deja que se enfríe e introduce 1 h en la nevera. Se sirve frío.

TARTA HOJALDRADA DE PUERROS Y CEBOLLA

Puerro
x 1 (grande o 2 pequeños)

Cebolla caramelizada
4 cucharadas

Queso rallado
100 g

Masa de hojaldre
x 1

Preparación: 10 min
Cocción: 45 min

• Precalienta el horno a 180 °C.

• Desenrolla la **masa de hojaldre** en un molde de tarta forrado con papel sulfurizado. Extiende la **cebolla caramelizada** sobre la masa. Lava el **puerro** con abundante agua y córtalo en 4 trozos a lo largo. Mézclalo con el **queso** y disponlo sobre la **cebolla caramelizada**.

• Hornea 45 min. Degusta el plato caliente o frío.

PIZZA DE CHAMPIÑONES

Masa de pizza
x 1

Champiñones
x 20

Parmesano
2 cucharadas

Romero
2 ramitas

Aceite de oliva
1 cucharada

Yogur griego
x 1

Sal, pimienta

Preparación: 10 min
Cocción: 30 min

- Precalienta el horno a 200 °C.
- Desenrolla la **masa** sobre una placa forrada con papel sulfurizado. Extiende el **yogur** sobre la **masa**. Añade los **champiñones** laminados y las hojas de **romero** cortadas con las tijeras. Espolvorea con el **parmesano**, rocía con el **aceite de oliva** y salpimienta.
- Hornea 30 min.

PIZZA DE CEBOLLA Y QUESO REBLOCHON

Masa de pizza
x 1

Cebollas tiernas
1 manojo (con la parte verde)

Queso reblochon
x 1 (250 g)

🧂🧂 **Sal, pimienta**

👥👥👥👥

🕐
Preparación: 10 min
Cocción: 30 min

• Precalienta el horno a 200 °C.
• Desenrolla la **masa** sobre una placa forrada con papel sulfurizado. Retira la parte verde de las **cebollas tiernas** y córtalas en 3, luego repártelas sobre la **masa** con el **queso** cortado en trozos.
• Salpimienta y hornea 30 min.

EMPANADILLA DE PATATA

Patatas
500 g

Nata espesa para cocinar
20 cl

Nuez moscada rallada
½ cucharadita

Masa de hojaldre
x 1

Romero
2 ramitas

 **Sal, pimienta**

👤👤👤👤

🕐

Preparación: 20 min
Cocción: 40 min

• Precalienta el horno a 180 °C.
• Pela y corta las **patatas** en láminas finas. Mézclalas con la **nata**, la **nuez moscada** y el **romero** picado. Salpimienta.
• Desenrolla la **masa**. Coloca las **patatas** en una mitad. Cúbrelas con la otra mitad de la **masa** y sella los bordes con un tenedor.
• Hornea 40 min. Degusta la empanada fría o caliente.

TARTA DE FLORES DE CALABACÍN

Pesto
4 cucharadas

Parmesano
2 cucharadas

Flores de calabacín
x 12

Masa de hojaldre
x 1

 **Sal, pimienta**

Preparación: 10 min
Cocción: 25 min

• Precalienta el horno a 180 °C.
• Desenrolla la **masa de hojaldre** en un molde de tarta forrado con papel sulfurizado. Extiende el **pesto** sobre la **masa**. Dispón las **flores de calabacín** abiertas por la mitad a lo largo. Salpimienta y espolvorea con el **parmesano**.
• Hornea 25 min. Se sirve caliente o frío.

TARTA DE TOMATES CHERRY Y FRUTOS SECOS

Masa de hojaldre
x 1

Tomates cherry
x 30

Vinagre balsámico
3 cucharadas

Miel líquida
2 cucharadas

Mezcla de frutos secos
100 g

 **Sal, pimienta**

👥👥👥👥

🕐
Preparación: 10 min
Cocción: 25 min

• Precalienta el horno a 200 °C.
• Extiende la **masa** en un molde de tarta forrado con papel sulfurizado. Reparte los **tomates cherry** y los **frutos secos** sobre la **masa**. Vierte la **miel** y salpimienta. Dobla los bordes, cubre con papel de aluminio y hornea 25 min. Rocía la tarta con el **vinagre** y degústala caliente o fría.

PIZZA DE ESPÁRRAGOS

Masa de pizza
x 1

Espárragos verdes
1 manojo

Parmesano
4 cucharadas

Huevo
x 1

 Sal, pimienta

Preparación: 10 min
Cocción: 30 min

• Precalienta el horno a 200 °C.

• Desenrolla la **masa** sobre una placa forrada con papel sulfurizado. Reparte sobre la **masa** los **espárragos** abiertos por la mitad. Espolvorea con el **parmesano**.

• Hornea 20 min. Incorpora el **huevo** batido, salpimienta y prosigue la cocción 10 min más.

PIZZA PARMIGIANA

Masa de pizza
x 1

Orégano seco
1 cucharada

Berenjena
x 1

Tomates
x 2

Mozzarella
x 1

 Sal, pimienta

 un chorrito de aceite

Preparación: 5 min
Cocción: 45 min

• Precalienta el horno a 180 °C.
• Desenrolla la **masa** sobre una placa forrada con papel sulfurizado. Lava y corta en rodajas finas la **berenjena**, los **tomates** y la **mozzarella**. Repártelas sobre la **masa** combinando los ingredientes. Espolvorea con el **orégano**, salpimienta y hornea 45 min.
• Degusta la pizza con un chorrito de **aceite de oliva**.

PASTEL HOJALDRADO DE COLIFLOR Y COMINO

Coliflor
x 1 (unos 800 g)

Gouda con comino
200 g

Masa de hojaldre
x 1

Curri
1 cucharada

 Sal, pimienta

Preparación: 20 min
Cocción: 1h

• Cuece la **coliflor** entera 20 min (al vapor
o en agua hirviendo con sal). Deja que se enfríe.
• Practica unas cuantas incisiones en la **coliflor**
para introducir lonchas de **gouda con comino**.
Espolvorea con el **curri**.
• Precalienta el horno a 180 °C.
• Enrolla la coliflor con la **masa de hojaldre**
presionando bien y hornea 40 min. Degusta
la tarta caliente.

TARTA DE HIGOS CON QUESO DE CABRA

Masa de hojaldre
x 1

Higos
4 grandes (u 8 pequeños)

Medallones de cabra
x 2

Romero
1 ramita

 Sal, pimienta

☻☻☻☻

⏱
Preparación: 10 min
Cocción: 25 min

• Precalienta el horno a 200 °C.
• Desenrolla la **masa** sobre una placa forrada con papel sulfurizado. Reparte el **queso de cabra** y los **higos** cortados en cuartos. Salpimienta y añade el **romero** cortado con las tijeras.
• Dobla los bordes y hornea 25 min.

TARTA DE TOMATE, MOSTAZA Y TOFU

Masa de hojaldre
x 1

Tomates
x 4

Mostaza
3 cucharadas

Tomillo seco
1 cucharada

Tofu
100 g

🧂🧂 **Sal, pimienta**

👥👥👥👥

🕐

Preparación: 10 min
Cocción: 25 min

• Precalienta el horno a 200 °C.
• Desenrolla la **masa** sobre una placa forrada con papel sulfurizado. Extiende la **mostaza** sobre la **masa**. Añade los **tomates** cortados en rodajas, el **tomillo** y el **tofu** desmenuzado. Dobla los bordes.
• Salpimienta y hornea 25 min.

FLAMICHE DE PUERROS CON QUESO

Masa de pizza
x 1

Puerro
x 1

Fourme d'Ambert
(u otro queso azul) 150 g

 Sal, pimienta

Preparación: 10 min
Cocción: 45 min

• Precalienta el horno a 180 °C.
• Desenrolla la **masa** sobre una placa forrada con papel sulfurizado. Reparte el **puerro** lavado y cortado en rodajas finas. Añade el **queso** cortado en trozos. Salpimienta. Dobla los bordes.
• Hornea 45 min y degusta.

PIZZA DE CALABAZA Y SALVIA

Masa de pizza
x 1

Calabaza
500 g

Yogur griego
x 1

Salvia
12 hojas

  Sal, pimienta

 un chorrito de aceite

Preparación: 5 min
Cocción: 40 min

• Precalienta el horno a 200 °C.
• Desenrolla la **masa** sobre una placa forrada con papel sulfurizado. Extiende el **yogur** sobre la **masa**. Añade la **calabaza** pelada y cortada en dados y las hojas de **salvia**.
• Salpimienta y hornea 40 min. Vierte un chorrito de **aceite de oliva** y degústala.

PIZZA DE PUERROS A LA MOSTAZA

Masa de pizza
x 1

Puerro
x 1

Yogures griegos
x 2

Mostaza a la antigua
3 cucharadas

  Sal, pimienta

**Preparación: 10 min
Cocción: 40 min**

- Precalienta el horno a 180 °C.
- Desenrolla la **masa** sobre una placa forrada con papel sulfurizado. Corta el **puerro** en rodajas y lávalas. Mezcla este último con los **yogures** y la **mostaza**.
- Reparte la preparación sobre la **masa**. Salpimienta y hornea 40 min.

TARTA DE BONIATO

Masa de hojaldre
x 1

Boniato
x 1 (400 g)

Semillas de comino
1 cucharada

Curri
1 cucharada

Yogur griego
x 1

 Sal, pimienta

✶✶✶✶

🕐
Preparación: 10 min
Cocción: 30 min

• Precalienta el horno a 200 °C.
• Desenrolla la **masa** en un molde de tarta forrado con papel sulfurizado. Pela y corta el **boniato** en rodajas finas y mézclalas con el **yogur**, las **semillas de comino** y el **curri**. Salpimienta. Reparte la preparación sobre la **masa**. Dobla los bordes.
• Hornea 30 min y estará lista para degustar.

GAZPACHO DE MELÓN Y PEPINO

Melon
x 1

Pepino
x 1

Semillas de lino
2 cucharadas

Cebollas tiernas
x 2 (con la parte verde)

Sal, pimienta

👤👤👤👤

Preparación: 5 min

Vegano

• Pela el **melón** y el **pepino**. Córtalos en trozos. Corta en láminas las **cebollas tiernas**. Bate todo a baja velocidad en una batidora con 1 vaso de agua. Salpimienta.

• Distribuye en cuencos y añade las **semillas de lino**. Se sirve frío.

BORSCH DE GARBANZOS

Remolachas cocidas
x 2

Caldo de verduras
1 pastilla

Garbanzos
1 lata pequeña (400 g escurridos)

Tofu ahumado
200 g

Tomates
x 2 (grandes)

Sal, pimienta

👤👤👤👤

🕐
Preparación: 5 min
Cocción: 25 min

Vegano

• Corta en trozos el **tofu**, los **tomates** y las **remolachas**. Cuécelos 25 min a fuego lento tapados en una cacerola con 70 cl de agua, los **garbanzos** y la pastilla de **caldo**.
• Salpimienta y degusta el plato muy caliente.

SOPA DE PISTOU EN SARTÉN

Calabacines
x 2 (medianas)

Fideos coditos
150 g

Pesto
2 cucharadas

Tomates
x 4

 **Sal, pimienta**

👤👤👤👤

🕐
Preparación: 5 min
Cocción: 25 min

• Corta en trozos pequeños los **calabacines** y los **tomates**, y mézclalos con los **fideos coditos**, el **pesto** y 1 l de agua en una sartén. Salpimienta.
• Una vez alcance el punto de ebullición, deja que cueza 25 min a fuego lento.

DHAL DE LENTEJAS CON CALABAZA

Lentejas rojas
150 g

Tomates
x 2 (grandes)

Calabaza
400 g

Leche de coco
40 cl

Cilantro
8 briznas

 **Sal, pimienta**

👤👤👤👤

🕐
Preparación: 5 min
Cocción: 20 min
Vegano

• Corta los **tomates** en trozos y la **calabaza** pelada en dados. Cuece los **tomates**, la **calabaza**, las **lentejas** y la **leche de coco** con 1 vaso de agua en una cacerola 20 min a fuego lento.

• Salpimienta y degusta de inmediato con el **cilantro** cortado con las tijeras.

CURRI DE BONIATO

Espinacas en porciones
6 porciones (congeladas, 300 g)

Leche de coco
50 cl

Boniato
x 1 (mediano)

Curri
2 cucharadas

🧂 **Sel**

👫👫

🕐

Preparación: 5 min
Cocción: 20 min
Vegano

• Pela y corta el **boniato** en trozos grandes. Mézclalos con la **leche de coco**, las **espinacas** y el **curri** en una cacerola.

• Escálfalos 20 min a fuego lento sin dejar de remover.

• Añade un poco de sal y degusta acompañado de arroz.

RAVIOLIS A LA CREMA DE COLIFLOR

Raviolis de queso
240 g

Coliflor
400 g

Aceite de oliva
2 cucharadas

Leche de coco
50 cl

  Sal, pimienta

♟♟♟♟

🕐

Preparación: 10 min
Cocción: 20 min

• Cuece la **coliflor** con la **leche de coco** a fuego lento durante 20 min. Salpimienta y bate con una batidora de brazo.
• Añade los **raviolis** y el **aceite de oliva** a la crema caliente y sirve.

SOPA COMPLETA DE MAÍZ Y ACEDERA

Puerros
x 2

Maíz
1 lata pequeña (285 g escurridos)

Caldo de verduras
1 pastilla

Patatas
x 3 (400 g)

Acedera
1 manojo

 **Sal, pimienta**

👤👤👤👤

🕐
Preparación: 15 min
Cocción: 35 min
Vegano

• Pela los **puerros** y lávalos con abundante agua. Cuécelos 30 min a fuego lento, tapados, en una olla con 70 cl de agua, las **patatas** peladas y cortadas en dados, el **maíz** escurrido y la pastilla de **caldo**.
• Añade la **acedera** cortada con las tijeras y prosigue la cocción 5 min más. Salpimienta y listo para degustar.

REVUELTO VERDE

Col kale
100 g

Huevos
x 6

Parmesano
2 cucharadas

Ajo seco molido
1 cucharadita

Brotes de espinacas
100 g

 **Sal, pimienta**

2 cucharadas de aceite de sabor neutro

**Preparación: 5 min
Cocción: 7 min**

• Retira las partes duras de la **col kale** y los **brotes de espinacas** y córtalos con las tijeras.

• Saltéalos 5 min en una sartén con el **ajo** y 2 cucharadas de **aceite de sabor neutro**. Salpimienta y añade los **huevos** batidos y el **parmesano**.

• Mezcla y deja cocer 2 min más removiendo con cuidado.

CURRI CON HUEVOS

Huevos
x 4

Brotes de espinacas
150 g

Leche de coco
50 cl

Tomates cherry
x 20

Curri
2 cucharadas

 **Sal, pimienta**

👤👤👤👤

🕐
Preparación: 10 min
Cocción: 20 min

• Cuece los **huevos** 10 min en agua hirviendo.
• Pon los **huevos** sin la cáscara con los **brotes de espinacas**, la **leche de coco** y el **curri** en una cacerola. Salpimienta y deja cocer 10 min a fuego lento sin dejar de remover.
• Añade los **tomates cherry** cortados en cuartos y degusta acompañado de arroz.

SARTENADA DE BOLETUS CON HUEVO

Boletus
400 g

Tomillo
1 cucharada (fresco o seco)

Huevos
x 4

Sal, pimienta

2 cucharadas de aceite de sabor neutro

Preparación: 5 min
Cocción: 15 min

• Limpia y corta los **boletus** en trozos grandes. Rehógalos 10 min en la sartén con 2 cucharadas de **aceite** y el **tomillo**.
• Salpimienta y casca los **huevos** en la sartén. Deja que se cocine 5 min más a fuego lento y degusta de inmediato.

TAGLIATELLE DE CALABACINES Y ACEITUNAS

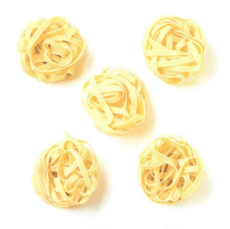

Tagliatelle frescos
220 g (o pasta larga)

Calabacines
x 3 (medianas)

Piñones
3 cucharadas

Olivada
2 cucharadas

 Pimienta

**2 cucharadas
de aceite de oliva**

👤👤👤👤

🕐

**Preparación: 10 min
Cocción: 20 min**

• Precalienta el horno a 200 °C.
• Retira el pedúnculo de los **calabacines** y córtalos en tiras finas con el cuchillo pelador. Disponlas en una bandeja grande con los **piñones**, añade 2 cucharadas de **aceite de oliva** y hornea durante 10 min. Cuece los **tagliatelle** (*al dente*).
• Mezcla los **calabacines** con la **pasta** caliente y la **olivada**, añade un poco de pimienta y degusta.

LASAÑA DE VERDURAS

Láminas de lasaña
x 10

Tomates
x 4

Calabacines
x 2 (medianas)

Espinacas
500 g (congeladas y descongeladas)

Queso rallado
200 g

Orégano seco
1 cucharada

Sal, pimienta

un chorrito de aceite

Preparación: 20 min
Cocción: 45 min

• Precalienta el horno a 180 °C.

• Mezcla las **espinacas**, los **tomates** y los **calabacines** cortados en rodajas finas con el **orégano** y el **queso rallado**. Salpimienta.

• Monta la lasaña combinando las hojas de pasta con la preparación de verduras y hornea durante 45 min. Rocía con un un chorrito de **aceite de oliva** y listo para degustar.

ESPAGUETIS CON JENGIBRE Y SOJA

Espaguetis
220 g (o pasta larga)

Proteínas de soja
100 g

Salsa de tomate
50 cl

Jengibre
80 g

Vino tinto
30 cl

Ajo
4 dientes

Sal, pimienta

**2 cucharadas
de aceite de oliva**

**Preparación: 5 min
Cocción: 40 min
Remojo: 10 min**

• Pon en remojo las **proteínas de soja** en agua caliente durante 10 min. Escúrrelas.

• Saltea el **jengibre** y el **ajo** laminados con 2 cucharadas de **aceite** durante 3 min en una sartén. Incorpora el **vino** y deja reducir a la mitad. Añade la **salsa de tomate** y las **proteínas de soja** y prosigue la cocción a fuego lento durante 25 min. Hierve la **pasta** (*al dente*).

• Vierte la salsa sobre la **pasta** y salpimienta.

FARFALLE CON ALCACHOFAS

Farfalle
280 g (o pasta corta)

Naranjas
x 2

Corazones de alcachofa
1 lata pequeña (240 g escurridos)

Parmesano
4 cucharadas

Aceitunas verdes
x 20 (sin hueso)

Aceite de oliva
2 cucharadas

Sal, pimienta

Preparación: 10 min
Cocción: 12 min

• Cuece la pasta **farfalle** (*al dente*) en agua hirviendo con sal. Escurre la pasta y ponla en una sartén con 2 cucharadas del agua de cocción, los **corazones de alcachofa** cortados por la mitad, las **aceitunas** en rodajas, el zumo y la corteza de las **naranjas** y el **parmesano**. Salpimienta y deja cocer 2 min removiendo de vez en cuando.

• Degusta de inmediato.

GRATINADO DE TORTELLINI AL HORNO

Tortellini
250 g (de ricotta y espinacas)

Rúcula
60 g

Gazpacho
40 cl

Orégano seco
1 cucharada

 Sal, pimienta

Preparación: 5 min
Cocción: 20 min

- Precalienta el horno a 180 °C.
- Corta con las tijeras la mitad de la **rúcula** y mézclala con el **gazpacho**, el **orégano** y 10 cl de agua.
- Pon los **tortellini** en una bandeja para gratinar y vierte la mezcla de gazpacho y rúcula. Salpimienta y hornea 20 min.
- Degusta el plato caliente con el resto de la **rúcula**.

PASTA CON ESPÁRRAGOS Y QUESO

Espaguetis
300 g (o pasta larga)

Espárragos verdes
1 manojo

Medallones de queso de cabra x 3

Estragón seco
2 cucharadas

Aceite de oliva
4 cucharadas

 **Sal, pimienta**

👤👤👤👤

🕐

Preparación: 5 min
Cocción: 15 min

• Cuece los **espaguetis** (*al dente*) en agua hirviendo con sal. Escúrrelos y reserva.

• Retira la parte dura de los **espárragos** y córtalos por la mitad a lo largo. Rehógalos en una sartén con el **aceite de oliva** durante 5 min. Añade la **pasta**, el **queso de cabra** cortado en trozos y el **estragón**, y prosigue la cocción 2 min más sin dejar de remover. Salpimienta y degusta.

148

LASAÑA DE COL

Col kale
200 g

Tomate triturado
1 lata grande (800 g)

Láminas de lasaña
x 8

Mozzarella
2 bolas

 Sal, pimienta

 un chorrito de aceite

Preparación: 10 min
Cocción: 45 min

• Precalienta el horno a 180 °C.
• Retira las **partes duras** de la **col** y córtala.
Mézclala con el **tomate triturado**
y la **mozzarella** en trozos, y salpimienta.
• Reparte esta preparación en las **láminas
de lasaña** colocadas en una bandeja para gratinar.
• Hornea durante 45 min y degusta con un chorrito
de **aceite de oliva**.

PASTA ESTILO ASIÁTICO CON LECHE DE COCO

Espaguetis
300 g (o pasta larga)

Jengibre
50 g

Zanahoria rallada
150 g

Brotes de soja
150 g

Albahaca
1 manojo

Leche de coco
40 cl

Sal, pimienta

2 cucharadas de aceite

Preparación: 15 min
Cocción: 25 min

• Cuece los **espaguetis** (*al dente*) en agua hirviendo con sal. Escúrrelos y reserva.
• Rehoga en 2 cucharadas de **aceite** la **zanahoria** y el **jengibre** rallado durante 10 min en una sartén. Añade la **pasta**, los **brotes de soja** y la **leche de coco**. Prosigue la cocción 5 min más.
• Salpimienta, agrega las hojas de **albahaca**, mezcla y degusta.

PASTA AL LIMÓN Y ALBAHACA

Hélices
300 g (o pasta corta)

Albahaca
1 manojo

Limones confitados
x 2

Aceite de oliva
4 cucharadas

Parmesano
4 cucharadas

 **Sal, pimienta**

👤👤👤👤

🕐

Preparación: 5 min
Cocción: 13 min

• Cuece las **hélices** (*al dente*) en agua hirviendo con sal. Escúrrelas y ponlas en una sartén con el **aceite de oliva** y las cortezas de los **limones confitados** cortadas en trozos pequeños.

• Salpimienta. Añade las hojas de **albahaca** y el **parmesano**, y mezcla durante 3 min a fuego vivo.

• Sirve y degusta de inmediato.

ESPAGUETIS CON CALABAZA

Espaguetis
350 g (o pasta larga)

Calabaza
1 trozo (de unos 500 g)

Nueces pecanas
x 20

Aceite de nueces
4 cucharadas

Pipas de calabaza
4 cucharadas

 **Sal, pimienta**

👨👨👨👨

🕐
Preparación: 10 min
Cocción: 45 min

• Precalienta el horno a 180 °C.

• Corta la calabaza con la piel en cuartos y hornéala con 4 cucharadas de **aceite de nueces** durante 35 min.

• Cuece los **espaguetis** (*al dente*). Añade a la pasta caliente la **calabaza** triturada con un tenedor, el **aceite** de la cocción, las **pipas de calabaza** y las **nueces pacanas**. Salpimienta y degusta.

RISOTTO DE FIDEOS CODITOS

Fideos coditos
200 g

Guisantes
200 g (frescos o congelados)

Caldo de verduras
60 cl

Queso fresco
150 g (de ajo y finas hierbas)

Aceite de oliva
4 cucharadas

 **Sal, pimienta**

♟♟♟♟

🕐

Preparación: 5 min
Cocción: 20 min

• Calienta el **caldo**.
• Pon los **fideos coditos**, el **caldo** caliente y los **guisantes** en una olla. Cuece durante 20 min, sin dejar de remover, hasta que el líquido se haya absorbido.
• Añade el **queso fresco** y el **aceite de oliva**. Salpimienta, mezcla y degusta de inmediato.

TRIGO SALTEADO AL AJILLO

Trigo precocido
200 g

Concentrado de tomate
1 lata pequeña (70 g)

Aceite de oliva
5 cucharadas

Orégano seco
1 cucharada

Ajo
6 dientes

 **Sal, pimienta**

👤👤👤👤

🕐

Preparación: 5 min
Cocción: 17 min
Vegano

- Cuece el **trigo** en agua hirviendo con sal durante 10 min.
- Pela y corta el **ajo** en láminas finas.
- En una sartén, dora el ajo con el **aceite de oliva** durante 2 min. Incorpora el **concentrado de tomate**, el **trigo** escurrido y el **orégano**.
- Salpimienta, mezcla y cocina 5 min más sin dejar de remover.

RISOTTO CON REMOLACHA

Arroz para risotto
300 g

Remolachas cocidas
x 2

Caldo de verduras
80 cl

Estragón
1 manojo

Parmesano
4 cucharadas

 **Sal, pimienta**

☺☺☺☺

🕐

Preparación: 5 min
Cocción: 20 min

• Corta las **remolachas** en trozos y ponlas en una olla con el **caldo de verduras** y el **arroz**. Salpimienta y cuece durante 20 min a fuego lento.

• Añade el **parmesano** y el **estragón** deshojado, mezcla y listo para servir.

PAELLA VEGETAL

Guisantes
500 g (congelados)

Arroz bomba
400 g

Azafrán
2 hebras

Pimientos rojos
x 2

Caldo de verduras
1 l

Salchichas vegetales
x 4

Sal, pimienta

👤👤👤👤👤👤

Preparación: 5 min
Cocción: 30 min
Vegano

• Precalienta el horno a 180 °C.
• Pon el **arroz**, los **guisantes**, las **salchichas vegetales**, los **pimientos** cortados en trozos, el **caldo de verduras** y el azafrán en una bandeja grande de horno.
• Salpimienta y mezcla.
• Hornea 30 min. Degusta de inmediato.

RISOTTO DE CHAMPIÑONES

Arroz para risotto
300 g

Caldo de verduras
80 cl

Romero
1 ramita

Champiñones
x 20

Salsa de soja
4 cucharadas

Ajo
2 dientes

Sal, pimienta

2 cucharadas de aceite de sabor neutro

Preparación: 10 min
Cocción: 30 min
Vegano

• Saltea los **champiñones** cortados en trozos y el **ajo** picado con 2 cucharadas de **aceite** en una cacerola sin dejar de remover.

• Incorpora el **caldo**, el **arroz**, el **romero** cortado con las tijeras y la **salsa de soja**, y cuece durante 20 min a fuego lento.

ARROZ CON VERDURITAS Y ALBAHACA

Arroz
200 g

Brócoli
1 pieza (unos 300 g)

Hinojo
½ bulbo

Calabacines
x 2 (pequeños)

Albahaca
1 manojo

Caldo de verduras
50 cl

Sal, pimienta

1 cucharada de aceite + un chorrito de aceite

Preparación: 5 min
Cocción: 20 min
Vegano

- Rehoga las **verduras** cortadas en trozos con 1 cucharada de **aceite** en una sartén. Añade el **arroz** y el **caldo**. Cuando comience a hervir, deja cocer 15 min a fuego lento removiendo cada cierto tiempo. Unos 5 min antes de finalizar la cocción, deja de remover.
- Salpimienta, agrega la **albahaca** y degusta con un chorrito de **aceite de oliva**.

ARROZ SALTEADO CON ANACARDOS

Pimiento rojo
x 1

Arroz
200 g

Calabacín
x 1

Ajo
6 dientes

Salsa de soja
8 cucharadas

Anacardos
125 g (salados)

 **4 cucharadas aceite de sabor neutro**

Preparación: 10 min
Cocción: 30 min
Vegano

• Cuece el **arroz** en agua hirviendo con sal.

• Rehoga con el **aceite** el **pimiento** y el **calabacín** cortados en trozos, junto con el **ajo** picado grueso, en una sartén.

• Deja cocer 10 min, removiendo de vez en cuando, y luego añade el **arroz**, la **salsa de soja** y los **anacardos**.

• Prosigue la cocción 10 min más, removiendo. Sirve de inmediato.

RISOTTO DE ALCACHOFAS CON AGUACATE

Corazones de alcachofa
1 lata (240 g escurridos)

Arroz para risotto
200 g

Caldo de verduras
60 cl

Limón
x 1

Aguacates
x 2

Aceite de oliva
4 cucharadas

 **Sal, pimienta**

♟♟♟♟

Preparación: 5 min
Cocción: 25 min
Vegano

• Pon el **arroz**, el **caldo** y 2 cucharadas de **aceite** en una cacerola. Cuece a fuego lento, sin dejar de remover con una espátula, hasta que el líquido se haya absorbido (unos 20 min).

• Añade las **alcachofas** cortadas, el zumo del **limón**, los **aguacates** machacados y el resto del **aceite de oliva**.

• Salpimienta y degusta de inmediato.

CALABAZAS RELLENAS DE SETAS

Calabazas
x 2

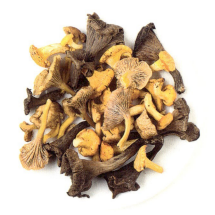

Variedad de setas
350 g (frescas o congeladas)

Estragón
1 manojo

Parmesano
2 cucharadas

 Sal, pimienta

 2 cucharadas de aceite de sabor neutro

👤👤👤👤

🕐

**Preparación: 10 min
Cocción: 30 min**

- Precalienta el horno a 180 °C.
- Corta las **calabazas** por la mitad y retira las semillas.
- Rehoga las **setas** y la mitad del **estragón** con 2 cucharadas de **aceite** a fuego vivo durante 5 min. Salpimienta.
- Reparte las **setas** en las **calabazas**, añade el **parmesano** y hornea 45 min. Espolvorea con el resto del **estragón**.

BERENJENAS RELLENAS DE QUESO

Berenjenas
x 2 (grandes)

**Medallones de queso
de cabra** x 1

Tomate
x 1

Menta
20 hojas

 Sal, pimienta

 un chorrito de aceite

Preparación: 5 min
Cocción: 45 min

• Precalienta el horno a 200 °C.
• Retira el pedúnculo de las **berenjenas** y córtalas en 4 trozos. Retira una parte de la pulpa. Corta la pulpa, el **tomate** y el **queso de cabra** en trozos pequeños. Salpimienta y mezcla.
• Rellena las **berenjenas**. Vierte 1 vaso de agua y hornea durante 45 min. Añade las hojas de **menta** y degusta con un chorrito de **aceite de oliva**.

HIGOS RELLENOS DE ROQUEFORT Y NUECES

Higos
x 12

Roquefort
100 g

Nueces
60 g

Aceite de nueces
2 cucharadas

 Sal, pimienta

Preparación: 5 min
Cocción: 10 min

• Precalienta el horno a 180 °C.

• Corta la parte superior de los **higos**. Vacíalos con cuidado de no perforar la piel.

• Mezcla la carne del higo con las **nueces** picadas y el **roquefort** machacado. Rellena los **higos**, vuelve a colocarles la parte superior y hornea 10 min.

• Vierte el **aceite de nueces** y degusta.

PIMIENTOS RELLENOS DE LENTEJAS ROJAS

Pimientos amarillos
x 4

Cilantro
1 manojo

Lentejas rojas
200 g

Leche de coco
80 cl

  Sal, pimienta

un chorrito de aceite

Preparación: 10 min
Cocción: 55 min

Vegano

- Precalienta el horno a 180 °C.
- Cuece las **lentejas rojas** con la mitad de la **leche de coco** en una cacerola durante 10 min.
- Corta los **pimientos** por la mitad, retira las semillas y rellénalos con las **lentejas**. Salpimienta.
- Cubre con el resto de la **leche de coco** y hornea 45 min. Degusta con **cilantro** y un chorrito de **aceite de oliva**.

BERENJENAS RELLENAS DE QUESO Y TOMATE

Berenjenas
x 2 (grandes)

Medallones de queso de cabra x 2

Tomates cherry
x 15

Tomillo
1 cucharada (fresco o seco)

 un chorrito de aceite de oliva

👤👤👤👤

🕐
Preparación: 10 min
Cocción: 1 h

- Precalienta el horno a 170 °C.
- Corta las **berenjenas** por la mitad, retira la pulpa con un cuchillo, córtala en trozos y mézclala con los **tomates** cortados por la mitad, el **queso de cabra** troceado y el **tomillo**. Rellena las **berenjenas**, rocíalas con 10 cl de agua y un chorrito de **aceite de oliva** y hornea 1 h.
- Degusta este plato caliente o frío.

TOMATES RELLENOS

Tomates de varios colores
x 8 (medianos o 12 pequeños)

Grisines
x 8

Perejil liso
1 manojo

Piñones
80 g

Aceite de oliva
4 cucharadas

Pasas
60 g

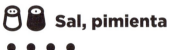 **Sal, pimienta**

👤👤👤👤

🕐

Preparación: 10 min
Cocción: 20 min
Vegano

• Precalienta el horno a 180 °C.
• Corta la parte superior de los **tomates**. Vacíalos con cuidado de no perforarlos.
• Mezcla la pulpa con los **grisines** triturados, los **piñones**, las **pasas** y el **perejil** picado. Rellena los **tomates** y vuelve a colocar la parte superior. Ponlos en una bandeja para gratinar, rocíalos con **aceite de oliva** y hornea 20 min.

CALABACINES CON BULGUR Y NARANJA

Calabacines
x 4 (medianas)

Piñones
4 cucharadas

Naranjas
x 2

Bulgur precocido
10 cucharadas

Aceite de oliva
4 cucharadas

 **Sal, pimienta**

👫👫

🕐

Preparación: 15 min
Cocción: 45 min

Vegano

• Precalienta el horno a 180 °C.
• Corta los **calabacines** por la mitad y retira la pulpa.
Mézclala con el **bulgur**, 2 vasos de agua templada
y el zumo y la corteza de las **naranjas**.
Salpimienta.
• Rellena los **calabacines**, añade los **piñones**
y el **aceite de oliva** y hornea durante 45 min.

TOMATES RELLENOS DE QUINOA Y ACEITUNAS

Tomates
x 4 (grandes)

Tofu natural
125 g

Olivada
3 cucharadas

Quinoa
100 g

Aceite de oliva
2 cucharadas

 **Sal, pimienta**

👥👥👥👥

🕐

Preparación: 10 min
Cocción: 20 min

Vegano

- Precalienta el horno a 180 °C.
- Cuece la **quinoa** tapada con 20 cl de agua durante 10 min, apaga el fuego y deja que aumente de volumen 10 min.
- Corta la parte superior de los **tomates** y vacíalos. Mezcla la pulpa cortada en dados con la **quinoa**, el **tofu** desmenuzado y la **olivada**. Salpimienta.
- Rellena los **tomates**. Rocíalos con el **aceite de oliva** y hornea 20 min.

PIMIENTOS RELLENOS DE HUEVO

Parmesano en escamas
100 g

Pimientos verdes
x 4

Huevos
x 8

Nata líquida
2 cucharadas

 Sal, pimienta

Preparación: 5 min
Cocción: 35 min

• Precalienta el horno a 180 °C.

• Corta la parte superior de los **pimientos** y retira las semillas con cuidado de no perforarlos.

• Bate los **huevos** con la **nata** y el **parmesano**. Salpimienta.

• Vierte la mezcla en los **pimientos**, vuelve a colocarles la parte superior y hornea 35 min.

CHAMPIÑONES RELLENOS DE TOFU

Champiñones
x 20 (grandes)

Salsa de soja
8 cucharadas

Tofu ahumado
100 g

Tomillo seco
1 cucharada

Preparación: 10 min
Cocción: 25 min
Vegano

- Precalienta el horno a 200 °C.
- Retira el interior de los **champiñones** y los pies. Pica en trozos grandes la carne y los pies, y mézclalos con el **tofu** cortado en dados y el **tomillo**. Salpimienta, rellena los sombreros de los **champiñones** y reparte el resto del relleno alrededor de los champiñones.
- Rocía con la **salsa de soja** y hornea 25 min.

CALABACINES RELLENOS DE CEBOLLA Y QUESO

Calabacines redondos
x 4

Cebolla caramelizada
4 cucharadas

**Medallones de queso
de cabra** x 2

Aceite de oliva
4 cucharadas

 **Sal, pimienta**

👤👤👤👤

🕐

Preparación: 5 min
Cocción: 35 min

• Precalienta el horno a 180 °C.
• Corta la parte superior de los **calabacines**
y vacíalos. Corta la carne en dados pequeños y
mézclalos con la **cebolla caramelizada**
y el **queso de cabra** desmenuzado no muy fino.
• Rellena los **calabacines** y colócalos en una bandeja
para gratinar. Rocía con el **aceite de oliva**
y hornea 35 min. Degusta el plato de inmediato.

HIGOS CON TOFU Y ALMENDRAS

Higos
4 grandes (u 8 pequeños)

Almendras laminadas
2 cucharadas

Aceite de oliva
2 cucharadas

Tofu
100 g

 Sal, pimienta

Preparación: 10 min
Cocción: 15 min

Vegano

- Precalienta el horno a 200 °C.
- Corta los **higos** en 4 partes y coloca un trozo de **tofu** en el centro de cada **higo**.
- Esparce las **almendras laminadas**. Salpimienta, vierte el **aceite de oliva** y hornea 15 min.

TOMATES RELLENOS DE ACEITUNAS

Tomates
x 4 (grandes)

Sémola fina
4 cucharadas

Mezcla de aceitunas
180 g (negras y verdes)

Aceite de oliva
4 cucharadas

Hierbas de Provenza
1 cucharada

 **Sal, pimienta**

👥👥👥👥

🕐

Preparación: 10 min
Cocción: 15 min
Vegano

• Precalienta el horno a 180 °C.
• Corta la parte superior de los **tomates** y vacíalos.
Corta la pulpa en dados pequeños y mézclala con
la **sémola**, las **aceitunas** picadas no muy finas
y las **hierbas de Provenza**. Salpimienta.
• Rellena los **tomates** y colócalos en una bandeja
para gratinar. Rocía con el **aceite de oliva** y hornea
15 min. Degusta el plato caliente o frío.

TOMATES RELLENOS DE JUDÍAS

Tomates
x 4 (grandes)

Albahaca
1 manojo

Judías con tomate
1 lata pequeña (400 g)

Parmesano
2 cucharadas

  Sal, pimienta

 un chorrito de aceite

**Preparación: 10 min
Cocción: 25 min**

• Precalienta el horno a 200 °C.
• Escurre las **judías** y mézclalas con el **parmesano** y la **albahaca** cortada con las tijeras.
• Corta los **tomates** por la mitad y vacíalos. Rellénalos con las **judías**. Salpimienta y hornea durante 25 min.
• Degusta el plato caliente con un chorrito de **aceite de oliva**.

PATÉ DE PATATAS FORESTIER

Patatas
600 g

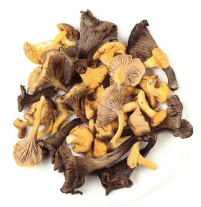

Mezcla de setas
150 g

Queso rallado
100 g

Huevos
x 3

 **Sal, pimienta**

2 cucharadas de aceite de sabor neutro

**Preparación: 15 min
Cocción: 1h**

• Precalienta el horno a 180 °C.
• Pela y corta las **patatas** en láminas finas. Salpimienta y mézclalas con los **huevos** batidos, las **setas** lavadas y el **queso rallado**.
• Reparte la preparación en un molde de tarta engrasado con 2 cucharadas de **aceite**, presiona bien y hornea 1 h. Sirve en porciones gruesas.

GRATINADO DE ZANAHORIAS CON COMINO

Zanahoria rallada
300 g

Nata líquida
20 cl

Semillas de comino
2 cucharaditas

Queso rallado
100 g

  Sal, pimienta

Preparación: 5 min
Cocción: 30 min

- Precalienta el horno a 180 °C.
- Mezcla en un cuenco grande la **zanahoria rallada** con el **queso rallado**, la **nata** y el **comino**.
- Pon la preparación en una bandeja para gratinar. Salpimienta y hornea 30 min. Degusta el plato bien caliente.

GALETTES DE PATATA

Patatas
x 4 (de carne dura)

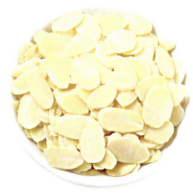

Almendras laminadas
125 g

Piñones
5 cucharadas

 Sal, pimienta

5 cucharadas de aceite de sabor neutro

Preparación: 10 min
Cocción: 40 min

Vegano

206

• Precalienta el horno a 200° C.

• Pela y ralla las **patatas** con un rallador de verdura. Mézclalas de inmediato en un cuenco grande con las **almendras**, los **piñones** y 5 cucharadas de **aceite de sabor neutro**. Salpimienta y extiende uniformemente sobre una placa forrada con papel sulfurizado.

• Hornea 40 min y degusta bien caliente.

VERDURAS ASADAS AL HORNO AL ESTRAGÓN

Calabaza
300 g

Estragón seco
2 cucharadas

Patatas
400 g (pequeñas)

Mantequilla
50 g

Champiñones
300 g (grandes)

 **Sal, pimienta**

 2 cucharadas de aceite de sabor neutro

Preparación: 5 min
Cocción: 48 min

• Precalienta el horno a 180 °C.
• Lava las **patatas**. Corta los **champiñones** en cuartos. Pela la **calabaza** y córtala en trozos.
• Pon todas las verduras en una bandeja con 2 cucharadas de **aceite**. Salpimienta y hornea 45 min. Añade la **mantequilla** mezclada con el **estragón** y prosigue la cocción 3 min más.

SÉMOLA CON VERDURAS

Guisantes
200 g (frescos o congelados)

Sémola fina
4 vasos

Tirabeques
250 g

Estragón seco
1 cucharada

Brócoli
1 pieza (300 g)

Aceite de oliva
4 cucharadas

Sal, pimienta

☺☺☺☺

Preparación: 10 min
Cocción: 11 min
Vegano

• Corta el **brócoli** en trozos. Cuece todas las **verduras** 10 min en agua hirviendo con sal.
• Cuece la **sémola** mezclada con 4 vasos de agua durante 1 min en el microondas.
• Mezcla en un cuenco grande las **verduras**, la **sémola**, el **estragón** y el **aceite de oliva**.
• Salpimienta y listo para degustar.

PATATAS ESTILO TIAN PROVENZAL

Patatas
x 4 (de carne dura)

Calabacines
x 2

Tomates
x 4

Queso rallado
150 g

Aceite de oliva
2 cucharadas

Sal, pimienta

Preparación: 25 min
Cocción: 40 min

• Precalienta el horno a 160 °C.
• Pela las **patatas**, córtalas en rodajas y disponlas sobre una placa forrada con papel sulfurizado. Lava, retira el pedúnculo de todas las verduras y córtalas en rodajas; intercálalas entre las láminas de **patata**, añade el **queso rallado** y el **aceite de oliva**, salpimienta y hornea 40 min. Degusta el plato caliente.

BRÓCOLI A LA PUTTANESCA

Brócoli
2 piezas (600 g)

Tomate triturado
1 lata grande (800 g)

Alcaparras
1 bote (90 g)

Aceitunas griegas
100 g (sin hueso)

Orégano seco
1 cucharada

 **Sal, pimienta**

👤👤👤👤

🕐

Preparación: 5 min
Cocción: 30 min
Vegano

- Sumerge el **brócoli** cortado en trozos en agua hirviendo durante 5 min.
- Rehoga en una sartén a fuego lento el **tomate triturado**, las **aceitunas**, las **alcaparras** y el **orégano** durante 20 min.
- Añade el **brócoli**, salpimienta, mezcla y prosigue la cocción 5 min más. Degusta.

POLENTA ESPONJOSA AL HORNO

Polenta
240 g

Aceitunas griegas
x 30 (sin hueso)

Parmesano
150 g

Tomates secos
x 25

Aceite de oliva
5 cucharadas

Orégano seco
1 cucharada

Sal, pimienta

Preparación: 15 min
Cocción: 10 min
Refrigeración: 1 h

• Vierte la **polenta** en 1 l de agua hirviendo con sal. Bate hasta que esté espesa. Añade 100 g de **parmesano**, las **aceitunas** picadas, el **orégano** y los **tomates secos** cortados en trozos. Pon la preparación en una bandeja y deja que se enfríe 1 h.
• Precalienta el horno a 180 °C. Coloca la polenta en una bandeja, rocía con el **aceite de oliva** y espolvorea con el **parmesano** restante. Hornea 10 min.

PATATAS AL PEREJIL Y PARMESANO

Patatas pequeñas
1 kg

Perejil liso
1 manojo

Limones
x 2

Parmesano
5 cucharadas

Aceite de oliva
4 cucharadas

 **Sal, pimienta**

👤👤👤👤

🕐
Preparación: 10 min
Cocción: 30 min

• Precalienta el horno a 200 °C.
• Coloca las **patatas** lavadas en una bandeja para gratinar, rocíalas con el **aceite de oliva** y hornéalas 25 min. Corta el **perejil** con las tijeras y mézclalo con el **parmesano**, el zumo y las cortezas de los **limones**. Vierte esta preparación sobre las **patatas** cocidas, salpimienta, mezcla y hornea 5 min más.

GRATINADO DE BONIATO Y CASTAÑAS

Boniato
x 1 (400 g)

Yogures griegos
x 4

Castañas
400 g (frasco)

Aceite de avellana
2 cucharadas

Nuez moscada rallada
1 cucharadita

Queso rallado
200 g

Sal, pimienta

👤👤👤👤

🕐
Preparación: 10 min
Cocción: 40 min

• Pela y corta en trozos el **boniato**. Cuécelo en agua hirviendo durante 20 min.

• Precalienta el horno a 180 °C.

• Mezcla los trozos de **boniato** con las **castañas**, los **yogures**, la **nuez moscada** y el **queso rallado**. Salpimienta. Pon la preparación en una bandeja y hornea 20 min.

• Rocía con el **aceite de avellana** y degusta.

GALETTES DE PATATA Y ZANAHORIA

Zanahoria rallada
100 g

Patata
x 1 (grande, 200 g)

Perejil liso
4 ramitas

Queso rallado
100 g

 Sal, pimienta

Preparación: 5 min
Cocción: 25 min

• Precalienta el horno a 200 °C.
• Pela y ralla la **patata** con un rallador de verduras y mézclala con la **zanahoria** y el **queso rallados** y el **perejil** cortado con las tijeras. Salpimienta.
• Reparte montoncitos de verdura sobre una placa forrada con papel sulfurizado.
• Hornea 25 min. Degusta el plato caliente o frío.

POLENTA CON GUISANTES

Polenta
240 g

Guisantes
300 g (frescos o congelados)

Cheddar rallado
200 g

Estragón seco
1 cucharada

 **Sal, pimienta**

Preparación: 5 min
Cocción: 20 min
Refrigeración: 1 h

• Vierte la **polenta** en 1 l de agua hirviendo con sal. Bate hasta que espese bien.

• Añade la mitad del **cheddar**, los **guisantes** y el **estragón**. Salpimienta. Extiende la preparación en una bandeja y deja que se enfríe 1 h. Precalienta el horno a 180 °C. Corta la **polenta** en trozos y disponla en una bandeja; espolvorea con el resto del **cheddar**. Hornea 15 min.

CRUMBLE DE CALABAZA

Calabaza
500 g

Harina
100 g

Corn flakes
25 g

Aceite de nueces
4 cucharadas

Pipas de calabaza
2 cucharadas

Almendras molidas
75 g

 Sal, pimienta

👤👤👤👤

🕐
Preparación: 10 min
Cocción: 45 min
Vegano

• Precalienta el horno a 180 °C.
• Mezcla con la yema de los dedos el **aceite de nueces**, la **harina**, las **almendras molidas**, los **corn flakes** y las **pipas de calabaza**. Pela y corta la **calabaza** en dados y disponla en una bandeja para gratinar. Salpimienta y cúbrela con la masa de crumble.
• Hornea 45 min.

ESTOFADO DE CALABAZA AL HORNO

Patatas
x 4 (500 g)

Col verde
x ½

Calabaza
400 g

Tomillo
1 cucharada (fresco o seco)

Caldo de verduras
1 l

 Sal, pimienta

Preparación: **15 min**
Cocción: **1 h**

Vegano

• Precalienta el horno a 180 °C.
• Corta la **col** en trozos. Pela y corta la **calabaza** en láminas y las **patatas**, en rodajas finas. Reparte las verduras y el **tomillo** con el **caldo** en una bandeja para gratinar.
• Salpimienta y hornea 1 h.

CALABACINES DE RICOTTA Y CÚRCUMA

Calabacines
x 3 (medianos)

Ricotta
1 bote (250 g)

Cúrcuma
1 cucharada

Huevo
x 1

Albahaca
20 hojas

 Sal, pimienta

Preparación: 10 min
Cocción: 25 min

- Precalienta el horno a 200 °C.
- Lava y corta los **calabacines** en rodajas. Mézclalos con la **ricotta**, la **cúrcuma**, el **huevo** batido y la **albahaca**. Salpimienta.
- Vierte la preparación en una bandeja para gratinar y hornea 25 min.

BERENJENAS CONFITADAS ESTILO ASIÁTICO

Berenjenas
x 4 (medianas)

Cacahuetes tostados
2 cucharadas

Cilantro
2 manojos

Salsa de soja dulce
4 cucharadas

Aceite de oliva
3 cucharadas

 **Sal, pimienta**

👤👤👤👤

🕐
Preparación: 5 min
Cocción: 45 min
Vegano

• Precalienta el horno a 180 °C.
• Hornea las **berenjenas** enteras 45 min.
Lava y corta el **cilantro** con las tijeras y mézclalo
con el **aceite de oliva** y la **salsa de soja**.
• Retira las **berenjenas** cocidas frías o calientes.
Cubre con la salsa de **cilantro**, esparce los
cacahuetes machacados y degusta.

CRUMBLE DE CALABACINES

Harina
100 g

Calabacines
x 3 (600 g)

Almendras molidas
75 g

Pesto
3 cucharadas

Aceite de oliva
4 cucharadas

Pan rallado
25 g

 **Sal, pimienta**

Preparación: 10 min
Cocción: 35 min

• Precalienta el horno a 200 °C.
• Mezcla con la yema de los dedos el **aceite de oliva**, la **harina**, las **almendras molidas** y el **pan rallado**. Corta los **calabacines** en rodajas, incorpóralos bien con el **pesto** y la masa de crumble en una bandeja para gratinar y salpimienta.
• Hornea 35 min.

JUDÍAS GRATINADAS CON QUESO DE CABRA

Judías pintas
1 lata grande (800 g)

Rollo de queso de cabra
x 1

Salsa de tomate
20 cl

Ajo seco molido
2 cucharaditas

Tomillo
1 cucharada (fresco o seco)

  Sal, pimienta

 un chorrito de aceite

Preparación: 5 min
Cocción: 30 min

- Precalienta el horno a 180 °C.
- Mezcla las **judías pintas** escurridas con la **salsa de tomate**, el **ajo** y el **tomillo**.
- Salpimienta. Vierte en una bandeja para gratinar y añade el **queso de cabra** cortado en 8 trozos.
- Hornea 30 min y degusta con un chorrito de **aceite de oliva**.

CUSCÚS DE PIMENTÓN Y QUINOA

Quinoa
200 g

Merguez vegetal
x 4

Garbanzos
1 lata pequeña (265 g escurridos)

Calabacines
x 3

Pimentón
2 cucharadas

Apio
2 tallos

 **Sal, pimienta**

👥👥👥👥

🕐
Preparación: 10 min
Cocción: 40 min
Reposo: 10 min
Vegano

• Corta los **merguez vegetales**, los **calabacines** y el **apio** en trozos grandes y cuécelos 30 min con los **garbanzos**, el **pimentón** y 1,5 l de agua. Salpimienta.

• Hierve la **quinoa**, tapada, en 40 cl de agua durante 10 min, apaga el fuego y deja que aumente de volumen durante 10 min.

• Degusta las verduras con la **quinoa**.

GRATINADO DE COLIFLOR CON CÚRCUMA

Coliflor
x 1

Cúrcuma
2 cucharadas

Yogures griegos
x 2

Queso rallado
150 g

  Sal, pimienta

Preparación: 10 min
Cocción: 30 min

- Precalienta el horno a 180° C.
- Cuece en agua hirviendo la **coliflor** cortada en trozos grandes durante 5 min. Mézclala con los **yogures** y la **cúrcuma** en una bandeja para gratinar.
- Salpimienta, añade el **queso rallado** y hornea 25 min.

CRUMBLE DE BERENJENAS Y RÚCULA

Berenjenas
x 2 (medianas)

Aceite de oliva
4 cucharadas

Parmesano
8 cucharadas (50 g)

Almendras molidas
75 g

Rúcula
150 g

Harina
100 g

Sal, pimienta

Preparación: 10 min
Cocción: 45 min

• Precalienta el horno a 180 °C.
• Mezcla con la yema de los dedos el **aceite de oliva**, la **harina**, las **almendras molidas**, el **parmesano** y la mitad de la **rúcula** cortada con las tijeras.
• Corta las **berenjenas** en porciones grandes y disponlas en una bandeja para gratinar. Salpimienta y cúbrelas con la masa de crumble. Hornea 45 min. Degusta el plato acompañado del resto de la rúcula.

FLAN DE ESPÁRRAGOS SIN MASA

Espárragos verdes
1 manojo

Huevos
x 5

Ricotta
250 g

Albahaca seca
1 cucharada

 Sal, pimienta

👥👥👥👥

🕐

Preparación: 5 min
Cocción: 40 min

• Precalienta el horno a 180 °C.
• Retira las partes duras de los **espárragos** y córtalos en rodajas; corta las puntas por la mitad. Bate los **huevos** con la **ricotta** y la **albahaca**. Salpimienta. Añade los **espárragos**, excepto las puntas, y mezcla.
• Pon la preparación en una bandeja para gratinar y dispón por encima las puntas de los **espárragos**.
• Hornea 40 min y sirve.

JUDÍAS GRATINADAS A LA GRIEGA

Judías blancas
1 lata grande (800 g)

Aceitunas griegas
x 30

Tomates pelados
1 lata pequeña (400 g)

Aceite de oliva
4 cucharadas

Orégano seco
1 cucharada

Feta
200 g

Sal, pimienta

👤👤👤👤

🕐
Preparación: 5 min
Cocción: 20 min

• Precalienta el horno a 180 °C.
• Mezcla las **judías blancas** escurridas con las **aceitunas**, el **orégano**, el **feta** en lonchas y los tomates en trozos con su jugo. Salpimienta.
• Reparte en bandejas para gratinar, vierte el **aceite de oliva** y hornea 20 min.

PATATAS CON PIMIENTOS

Patatas
1 kg

Pimientos de varios colores x 3

Ajo seco molido
1 cucharada

Caldo de verduras
1 l

Romero
2 ramitas

Aceite de oliva
4 cucharadas

 Sal, pimienta

👤👤👤👤

⏱

Preparación: 15 min
Cocción: 50 min
Vegano

- Precalienta el horno a 180 °C.
- Pela las **patatas** y córtalas en rodajas finas, retira las semillas de los **pimientos** y córtalos en tiras; luego deshoja el **romero**.
- Mezcla todos los ingredientes en una bandeja grande para gratinar. Salpimienta y hornea 50 min.

GRATINADO DE GUISANTES CON FETA

Harina
100 g

Guisantes
500 g (frescos o congelados)

Feta
100 g

Estragón seco
1 cucharada

Mantequilla
100 g (blanda)

 **Pimienta**

👤👤👤👤

🕐

Preparación: 10 min
Cocción: 25 min

- Precalienta el horno a 180 °C.
- Mezcla con la yema de los dedos la **mantequilla** blanda, la **harina**, el **feta** desmenuzado, los **guisantes** y el **estragón**. Añade la pimienta.
- Reparte en bandejas para gratinar. Hornea 25 min.

GRATINADO DE PATATA Y TOMATE

Tomates
400 g

Queso rallado
100 g

Alcaparras
80 g

Patatas
500 g

Aceite de oliva
4 cucharadas

Vino blanco
10 cl

 **Sal, pimienta**

Preparación: 15 min
Cocción: 1h

• Precalienta el horno a 170 °C.
• Pela y corta las **patatas** en láminas gruesas. Mézclalas con los **tomates** cortados en rodajas gruesas, el **queso rallado** y las **alcaparras**. Salpimienta.
• Pon la preparación en una bandeja para gratinar. Vierte el **vino blanco** y el **aceite de oliva**. Hornea 1 h.

REMOLACHA CON TOFU A LA NARANJA

Remolachas crudas
1 kg

Sal gorda
500 g

Naranjas
x 2

Cilantro
2 manojos

Aceite de oliva
4 cucharadas

Tofu natural
200 g

 **Sal, pimienta**

👤👤👤👤

🕐
Preparación: 5 min
Cocción: 1 h 30 min
Vegano

- Precalienta el horno a 180 °C.
- Hornea 1 h 30 min las **remolachas** enteras y cubiertas de **sal gorda**.
- Mezcla el **tofu** cortado en dados con el zumo y las cortezas de las **naranjas**, el **cilantro** cortado con las tijeras y el **aceite de oliva**. Salpimienta.
- Retira la **sal** de las **remolachas**, pélalas y degusta el plato con la salsa de **tofu**.

ACELGAS GRATINADAS

Acelgas
1 kg

Yogures griegos
x 3

Fourme d'Ambert
(u otro queso azul) 280 g

 **Sal, pimienta**

Preparación: **5 min**
Cocción: **35 min**

• Precalienta el horno a 180 °C.
• Lava y corta las **acelgas**. Blanquéalas 5 min y escúrrelas. Mezcla las **acelgas** con los **yogures** y el **queso** desmenuzado. Salpimienta.
• Pon la preparación en una bandeja para gratinar y hornea 30 min. Degusta el plato bien caliente.

CRUMBLE DE TOMATE

Harina
100 g

Tomates
x 6

Almendras molidas
75 g

Aceite de oliva
4 cucharadas

Parmesano
8 cucharadas (50 g)

Tomillo
1 cucharada (fresco o seco)

Sal, pimienta

Preparación: 10 min
Cocción: 30 min

• Precalienta el horno a 200 °C.
• Mezcla con la yema de los dedos el **aceite de oliva**, la **harina**, las **almendras molidas**, el **parmesano** y el **tomillo**. Dispón los tomates en rodajas gruesas en una bandeja para gratinar. Salpimienta y cúbrelos con la masa de crumble.
• Hornea 30 min.

COL CON JUDÍAS

Judías pintas
1 lata grande (800 g)

Col verde
x ½

Tomate triturado
1 lata pequeña (400 g)

Caldo de verduras
1 pastilla

Comino molido
2 cucharadas

Sal, pimienta

Preparación: 5 min
Cocción: 30 min
Vegano

• Rehoga a fuego lento en una cacerola durante 30 min la col en trozos pequeños, las **judías pintas** escurridas, el **comino** y el **tomate triturado** con 70 cl de agua y la pastilla de **caldo**.
• Salpimienta y degusta de inmediato.

CURRI DE LENTEJAS CON PIMIENTOS

Lentejas
180 g

Pimientos de lata
250 g (escurridos)

Leche de coco
40 cl

Cilantro
2 ramitas

Curri
2 cucharadas

 **Sal, pimienta**

👤👤👤👤

🕐

Preparación: 5 min
Cocción: 30 min
Vegano

• Cuece las **lentejas** en una cacerola con 60 cl de agua durante 25 min.

• Corta los **pimientos** en rodajas. Añádelos a la cacerola con la **leche de coco** y el **curri**. Mezcla y deja cocer 5 min. Salpimienta.

• Agrega el **cilantro** cortado con las tijeras y degusta.

OLLA DE ROMANESCO A LA MOSTAZA

Col romanesco
x 1

Nata líquida
33 cl

Mostaza a la antigua
4 cucharadas

Sal, pimienta

👤👤👤👤

🕐
Preparación: 10 min
Cocción: 10 min

• Pon la **col** en trozos pequeños en una olla con la **nata**, salpimienta y deja cocer 10 min a fuego lento y tapado una vez alcance el punto de ebullición.

• Añade la **mostaza**, mezcla y degusta.

ALUBIAS FRESCAS A LA PROVENZAL

Calabacines
x 2 (medianos)

Alubias frescas
600 g

Romero
2 ramitas

Ajo
2 dientes

Gazpacho
40 cl

  **Sal, pimienta**

 un chorrito de aceite

👤👤👤👤

🕐
Preparación: 15 min
Cocción: 1h

Vegano

• Desenvaina las **alubias**. Corta los **calabacines** en dados y deshoja el **romero**.
• Pon los ingredientes en una cacerola y añade agua. Cuece 1 h a fuego lento. Salpimienta, añade un chorrito de **aceite de oliva** y sirve.

SHAKSHUKA DE HUEVOS

Cebollas dulces
x 2

Aceitunas griegas
x 15

Pimientos rojos
x 4

Pimentón
1 cucharada

Huevos
x 4

Sal, pimienta

4 cucharadas de aceite de sabor neutro

Preparación: 10 min
Cocción: 45 min

• Rehoga las **cebollas** en láminas con el **aceite** y el **pimentón** en una cacerola 10 min, removiendo de vez en cuando. Salpimienta. Añade los **pimientos** sin semillas y cortados en trozos y las **aceitunas**, y deja cocer 25 min a fuego lento y tapado removiendo cada cierto tiempo.

• Casca los **huevos**, deja cocer 10 min más y degusta.

RAGÚ DE HABAS CON TOMATE

Tomates
x 6 (medianos)

Habas
450 g (congeladas y peladas)

Cebolla dulce
x 1

Albahaca
x 1 manojo

 Sal, pimienta

4 cucharadas de aceite de sabor neutro

Preparación: 10 min
Cocción: 30 min

Vegano

270

• Dora en una cacerola la **cebolla** cortada en láminas con 4 cucharadas de **aceite** durante 5 min. Añade los **tomates** en trozos, salpimienta y prosigue la cocción 15 min más a fuego lento.

• Incorpora las **habas**, tapa y deja 10 min más a fuego lento.

• Retira el recipiente del fuego, agrega la **albahaca** y degusta.

CURRI VERDE CON BRÓCOLI

Brócoli
500 g

Leche de coco
50 cl

Guisantes
200 g (frescos o congelados)

Tofu natural
200 g

Curri
3 cucharadas

Sal, pimienta

Preparación: 5 min
Cocción: 11 min
Vegano

• Corta el **brócoli** en trozos y mézclalo en una cacerola con la **leche de coco** y el **curri**. Salpimienta y cuece 10 min a fuego lento removiendo de vez en cuando.

• Añade los **guisantes** y el **tofu** en dados. Deja cocer 1 min más y degusta el plato acompañado de arroz.

CHILI CON BERENJENAS A LA SALVIA

Judías pintas
1 lata (500 g escurridas)

Berenjenas
x 2

Aceite de oliva
6 cucharadas

Salvia
1 manojo

Salsa de tomate
20 cl

Sal, pimienta

Preparación: 5 min
Cocción: 50 min
Vegano

• Corta las **berenjenas** en dados y rehógalas 5 min en una cacerola con el **aceite de oliva**. Añade las **judías**, la **salsa de tomate**, 5 cl de agua y la **salvia**. Salpimienta y mezcla.

• Prosigue la cocción 45 min más, removiendo cada cierto tiempo y degusta.

TUBÉRCULOS CON HUEVO A LA BORGOÑA

Nabos
x 3

Zanahorias
x 3

Tomillo
1 cucharada (fresco o seco)

Huevos
x 4

Vino tinto
1 botella

Remolachas crudas
x 3

Sal, pimienta

2 cucharadas de aceite de sabor neutro

Preparación: 15 min
Cocción: 1 h 05 min

• Rehoga en una cacerola durante 5 min con 2 cucharadas de **aceite** las **verduras** peladas y cortadas en trozos. Salpimienta. Incorpora el **vino tinto** y el **tomillo**, y cocina 50 min a fuego muy lento y tapado.

• Casca los **huevos** y prosigue la cocción 10 min más.

RAGÚ DE TRIGO CON VERDURAS

Trigo precocido
100 g

Nabos
x 2

Caldo de verduras
40 cl

Zanahorias
x 2

Romero
2 ramitas

Remolachas crudas
x 2

Sal, pimienta

un chorrito de aceite

Preparación: 15 min
Cocción: 45 min

Vegano

• Pela y corta las **verduras** en rodajas. Deshoja el **romero**. Pon todos los ingredientes en una cacerola. Salpimienta y deja cocer 45 min a fuego lento y tapado removiendo cada cierto tiempo.

• Degusta con un chorrito de aceite de oliva.

SUMARIO

ÍNDICE DE RECETAS POR INGREDIENTES

SIMPLÍSIMO

LOS LIBROS DE

COCINA   POSTRES

COCINA LIGHT

COCINA VEGETARIANA

+ FÁCILES DEL MUNDO

EDICIÓN ORIGINAL

Dirección: Catherine Saunier-Talec
Responsable artístico: Antoine Béon
Responsable editorial: Céline Le Lamer
Maquetación de interiores: Marie-Paule Jaulme

EDICIÓN EN ESPAÑOL

Dirección editorial: Jordi Induráin
Edición: Àngels Casanovas
Traducción: Cisco Figueroba
Corrección: Àngels Olivera
Maquetación y preimpresión: Marc Monner

Título original: *Simplissime. Les recettes végétariennes et vegan les plus faciles du monde*
© Hachette Livre (Hachette Pratique), 2017
© LAROUSSE EDITORIAL, S.L., 2018
Rosa Sensat 9-11, 3.ª planta
08005 Barcelona
Tel.: 93 241 35 05
larousse@larousse.es - www.larousse.es
facebook.com/larousse.es - @Larousse_ESP

ISBN: 978-84-17273-10-1
Depósito legal: B-28466-2017
Impreso en España por Estellaprint – *Printed in Spain*
1E2I